Le scalping est amusant!

Partie 2: Exemples pratiques

Heikin Ashi Trader

Sommaire

Sommaire 2

1. Le scalping avec l'analyse technique 3
2. Comment dois-je interpréter les graphiques Heikin Ashi ? 7
3. Quand dois-je entrer en position ? 13
4. Quand dois-je sortir du marché ? 16
5. Travailler avec des objectifs de prix 18
6. Le Scalping Heikin Ashi en pratique 20
7. Est-ce que l'analyse technique aide lorsque vous scalpez avec Heikin Ashi ? 34
   A. Support et Résistance 35
   B. Trading à partir des plus hauts et des plus bas des journées précédentes 40
   C. L'importance des chiffres ronds sur le FOREX 43
8. Comment puis-je reconnaître les jours de trading en tendance? 52
9. Comment scalper lors des jours de trading en tendance 57
10. Conclusion 60

Autres livres par Heikin Ashi Trader 61

À propos de l'auteur 63

Impression 64

1. Le scalping avec l'analyse technique

Dans le premier livre de cette série, « Le Scalping est amusant », je vous avais présenté une configuration de scalping simple qui peut être appliquée à tout moment, indépendamment de savoir si le marché est en tendance ou s'il évolue en consolidation latérale (ou *range*). Cette configuration est universelle et peut être appliquée avec n'importe quelle unité de temps.

Le deuxième livre de la série exploite plus profondément cette configuration de base en présentant un certain nombre de figures typiques qui viennent de l'analyse technique. Ces figures sont généralement faciles à comprendre et efficaces à utiliser. Même si vous n'êtes que très peu familier avec l'analyse technique, vous pouvez toujours appliquer les exemples qui sont mis en évidence dans ce deuxième livre.

Ce livre est le résultat de beaucoup de questions que j'ai reçues des participants à mes séminaires et à mon programme de *mentoring*. Avec ce deuxième livre, j'espère donc répondre à ces questions. Je suis un scalper depuis plus de 14 ans, mais je ne pourrai jamais cesser d'apprendre et de m'améliorer. Voilà pourquoi, à ce stade, je tiens à remercier tous ces traders pour leurs questions et leurs commentaires car ils m'ont finalement donné l'envie d'écrire ce deuxième livre.

Ce livre ne couvre pas un stade avancé de ma configuration mais je suis persuadé que vous pouvez trader en utilisant cette méthode simple, sans aucune connais

La plupart des traders que je connais, y compris moi-même, ont commencé leur carrière de trading par l'étude des graphiques et cela a des avantages mais aussi des inconvénients. L'analyse technique peut être comparée à la cartographie : le trader apprend à interpréter les mouvements passés et la situation actuelle dans le contexte du passé. Vous apprendrez, pour ainsi dire, à lire une carte. Là où le voyage vous emmènera dans le futur, vous ne pouvez pas le savoir maintenant.

L'inconvénient de cette méthode est qu'au fil du temps, vous perdez votre point de vue initial lorsque vous regardez les graphiques. En bref, les chartistes expérimentés voient de manière évidente les points hauts et les points bas. Ils repèrent les niveaux de support et de résistance et ils identifient les tendances, les figures de continuation ou de retournement etc. C'est avec l'expérience et leurs yeux formés qu'ils peuvent le faire. Essayez juste de regarder tout le graphique sans voir ces figures. Si vous avez déjà travaillé deux ou trois ans avec l'analyse technique, vous n'allez probablement pas réussir.

Mais ce point de vue impartial appartient aux gens qui n'ont jamais lu un livre sur l'analyse technique. S'ils étaient en face d'une peinture que l'on pourrait d'écrire comme abstraite, l'analyste technique permettrait de voir « les rues, les maisons, les arbres » - en bref : tout un paysage. Nous n'aurons probablement plus jamais ce point de vue totalement impartial car nous avons « grandi » avec l'analyse cartographie.

Des simulations informatiques ont également prouvé ce phénomène. Les simulations sont des programmes qui produisent des graphiques virtuels purs qui n'ont aucune référence à un actif particulier. En voyant des graphiques qui sont purement inventés par des programmes informatiques, le chartiste va commencer à identifier ses figures familières : il va alors commencer à tracer des lignes de tendance, détecter des sommets et des creux significatifs etc. Comme vous pouvez le voir, il n'y a pas d'échappatoire à ce point de vue biaisé !

Néanmoins, je crois que comme un « cartographe », vous pouvez trader profitablement en utilisant la configuration mise en avant dans mon premier livre. Ici encore, les graphiques Heikin Ashi nous aident beaucoup à visualiser le « flux » du marché comme aucun autre outil ne le pourra. Maintenant, dans ce second e-book, je veux combiner ma configuration avec des éléments importants de l'analyse technique.

Cependant, il n'y a aucune nécessité à utiliser les exemples expliqués. Un grand nombre de traders qui font du scalping de cette façon – parfois avec un ou deux indicateurs – sont entièrement satisfaits. D'autres tradent avec succès en utilisant la configuration comme telle. Avec le trading, tout tourne autour de la façon dont trouver ou développer la méthode qui vous convienne le mieux – il n'y a pas de bonne ou mauvaise méthode.

2. Comment dois-je interpréter les graphiques Heikin Ashi ?

Avant de commencer avec les exemples concrets, nous devrions examiner les principales caractéristiques des graphiques Heikin Ashi car ils seront utiles dans de nombreux exemples. Tout d'abord, jetez un œil à ce tableau car il résume les informations les plus importantes de ces graphiques.

Figure 1 : Caractéristiques des graphiques Heikin Ashi

Tendance: marché haussier marché baissier

Début de Tendance: des bougies vertes des bougies rouges

La tendance devient plus forte : lorsque les bougies vertes dans une tendance haussière ou les bougies rouges dans une tendance baissière deviennent plus longues

La tendance devient plus faible : lorsque les bougies deviennent plus petites avec des ombres hautes (tendance haussière) ou basses (tendance baissière)

Consolidation / retournement de tendance : lorsque l'on voit apparaître des Toupies (Spinning Top) / des Dojis

Les propriétés restent les mêmes pour les marchés à la hausse et à la baisse. Avec les graphiques Heikin Ashi, vous pouvez visualiser les tendances beaucoup mieux qu'avec d'autres représentations graphiques comme avec les chandeliers japonais par exemple. Ils sont conçus de cette façon pour d'identifier les tendances en un seul regard. Le trader sait immédiatement si le marché est dans une tendance haussière ou baissière car les couleurs des bougies ne laissent aucun doute.

Figure 2 : la tendance avec la représentation graphique Heikin-Ashi

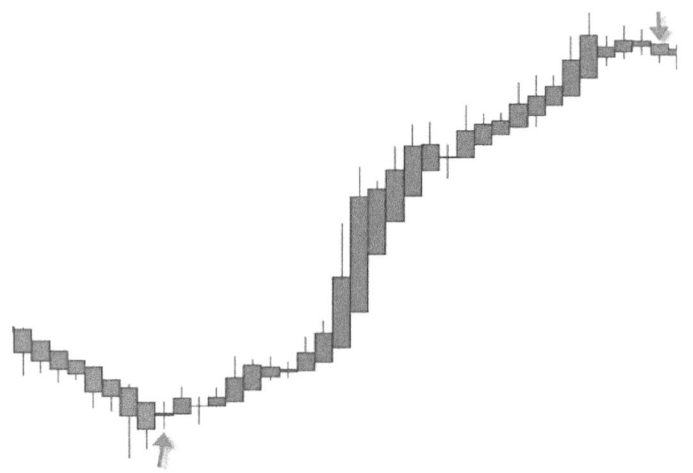

Regardez attentivement la figure 2. Toutes les bougies avant la flèche du bas sont rouges : cela signifie que le marché est dans une tendance baissière. La bougie au dessus de la flèche bleue indique un Doji et est de couleur verte – j'expliquerai cette figure un peu plus loin. Cette configuration est un signal d'achat classique pour moi.

Nous voyons aussi comment toutes les bougies suivantes sont vertes : la tendance haussière commence maintenant. Au début, la tendance était assez hésitante : on peut le voir par le fait que les bougies sont petites ou insignifiantes, bien que toujours vertes. Au milieu de la tendance, les bougies deviennent nettement plus grandes. Les taureaux (*bull*) ou acheteurs prennent clairement la main. La tendance à la hausse est en plein développement. Dans la troisième partie de la tendance, bien qu'il y ait toujours une croissance, les bougies deviennent à nouveau plus petites. À la fin de la tendance, elles sont toutes aussi petites qu'au début et une nouvelle fois, un Doji apparaît. La bougie suivante est rouge, comme indiquée par la flèche bleue du haut. C'est ainsi que la tendance haussière est terminée. Le changement de couleur suggère qu'un nouveau cycle a commencé et que le prix est à nouveau en baisse.

En tant que scalpeur de contre-tendance, vous êtes un spécialiste des tendances qui se terminent. Votre travail analytique est d'identifier les tendances et savoir si leur dynamique est forte ou faible. Ici, la taille des bougies est d'une importance primordiale.

Les grandes bougies, éventuellement avec de longues ombres, indiquent souvent que la tendance est en plein développement. Dans les marchés en hausse, ça signifie que les taureaux ont le dernier mot. Il va sans dire que toute vente à découvert est interdite ici tout comme les positions longues (acheteuses) ! Les longues bougies fortes indiquent que la fête bat son plein : tout le monde est chaud et comme les derniers invités, vous serez surement en retard.

Figure 3 : GBP/USD – graphique 2 minutes

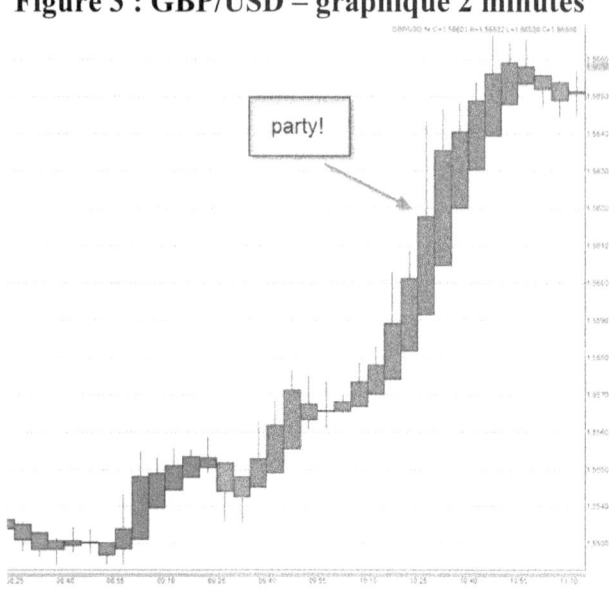

Ce graphique montre clairement le lien entre la fête et le GBP/USD. La bougie du milieu, comme indiquée par la flèche bleue, est le point culminant de la fête. Les taureaux achètent la livre sterling en cette période de plus de 50 pips plus haut !

Dans le même temps, vous verrez une longue ombre, qui signifie que la fête pourrait bientôt se terminer. La bougie suivante est un peu plus petite et le nouveau plus haut n'est pas beaucoup plus élevé que le point haut précédent. Ensuite, les bougies commencent à devenir plus petites et les deux dernières bougies vertes ne marquent pas de nouveaux plus hauts.

Ici, les taureaux commencent à perdre leur énergie. Maintenant, vous devriez suivre de près ce qui se passe ensuite : sur le haut du mouvement, des bougies de consolidation se forment en prenant généralement la forme d'un Doji ou d'une toupie.

Figure 4 : les Doji et les toupies

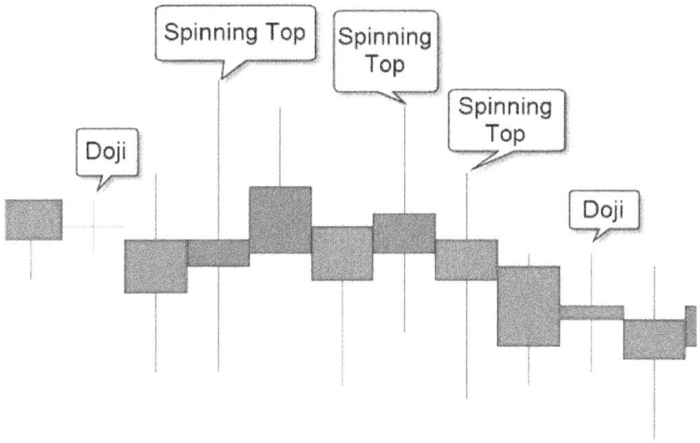

La différence entre les deux est facile à reconnaître. Les Dojis ont de petites ombres et presque pas de corps tandis que les toupies ont souvent de longues ombres et un petit corps. Un Doji est semblable à une croix ou un signe plus, ce qui signifie que le prix d'ouverture et de fermeture sur la période observée est presque identique. Un Doji signale un équilibre entre les acheteurs et les vendeurs et annonce souvent un changement de tendance.

Quand les toupies ressemblent aux Dojis, ils expriment quelque chose de légèrement différent. Avec les toupies, les cours d'ouverture et de clôture sont aussi semblables les uns aux autres. Cependant, les longues ombres au-dessus et en-dessous du corps suggèrent que la volatilité est encore élevée. Néanmoins, une toupie est la première indication que la tendance actuelle va faiblir car ni les taureaux ni les ours (les vendeurs) ne dominent le marché.

Les deux modèles des bougies soulignent qu'il y a un équilibre entre les acheteurs et les vendeurs. Les participants sont quasiment « d'accord » sur le prix.

3. Quand dois-je entrer en position ?

Sur un graphique, si un Doji ou une toupie apparaît, c'est une indication pour moi que l'élan actuel du mouvement a disparu, au moins temporairement. Ca pourrait être une pause dans la tendance ou ça pourrait aussi être le début d'une correction, et comme scalpeur contre-tendance, je m'y intéresse évidemment beaucoup.

Le point est que vous ne saurez jamais les choses à l'avance à 100%. Vous ne saurez jamais s´il s'agit d´une courte pause ou si le marché se prépare à corriger une partie du mouvement précédent. Et vous savez quoi ? Vous n'avez pas besoin de connaître toutes ces choses. Le trading et le scalping sont des jeux de probabilité, ce qui est important c'est que vos gains soient toujours plus importants que vos pertes.

Figure 5 : Vente à découvert

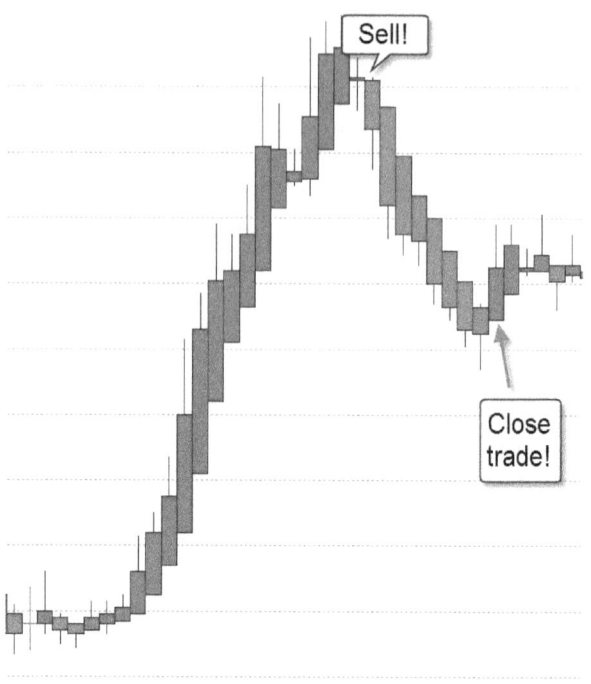

Après le mouvement de hausse significatif, qui se trouve à gauche sur le graphique, un Doji apparaît en haut. C'est le signal d'un mouvement inverse. Après que ce Doji soit terminé, vous devriez prendre une position de vente à découverte avec un ordre au marché. Comme vous pouvez le voir, le marché chute alors de 7 bougies d'affilée.

Si vous agissez sur un graphique de 1 minute, cette unité de temps est exactement sept minutes. La 8e bougie est verte à nouveau, voir la flèche. Cela signifie que les taureaux ont repris le contrôle du marché. A ce moment là, vous devriez fermer votre position et prendre votre profit.

Si vous avez vendu à découvert mais que vous avez réalisé après un court moment qu'il s'agissait seulement d'une pause et que le marché poursuit la tendance précédente, vous devriez immédiatement fermer votre position. Vous aurez réalisé une petite perte, que vous devez accepter en tant que trader. Les pertes sont les coûts de notre activité - ne l'oubliez jamais !

Mais si votre évaluation est correcte et que le marché fait une correction, vous ferez un profit comme le montre la Figure 5. Mais attention ! Encore une fois, il y aura une certaine incertitude ici, parce que vous ne connaîtrez pas à l'avance l'ampleur de la correction.

Parfois, le marché vous donne quelques points ou quelques pips avant de se retourner. Acceptez ce petit gain et pensez au prochain trade. Parfois, une correction plus importante aura lieu comme dans la Figure 5 (environ 50% du mouvement précédent).

Et dans le cas le plus favorable, le marché corrige l'ensemble du mouvement précédent et plus encore. Ces situations sont des dons et vous devez les accepter avec gratitude. Ce sont ces trades qui augmentent de manière significative votre performance à la fin de votre semaine.

4. Quand dois-je sortir du marché ?

J'ai une réponse simple à cette question : la couleur des bougies Heikin Ashi vous dira si vous devez fermer votre position ou non. Encore une fois, consultez la Figure 5. Après un rallye, un Doji se forme et le signal de vente à découvert va venir avec la bougie suivante dont le corps est clairement de couleur rouge.

Le marché a ensuite chuté pendant 7 minutes et a corrigé environ 50% du mouvement précédent. Ensuite, la première bougie verte a émergé et a signalé que le mouvement de correction était fini : il faut donc fermer votre trade !

Si vous êtes short (vente à découvert) sur le graphique 1 minute et que le marché produit une bougie rouge après l'autre, pourquoi voudriez-vous sortir ? Profitez de ce mouvement et prenez autant de pips ou de points que vous le pouvez. Vous en aurez besoin.

Considérez ceci : la correction que vous êtes en train de trader est juste soumise aux mêmes lois que la tendance précédente sur laquelle vous avez basé votre trade. La correction peut créer une dynamique. Peut-être que le début n'est que modeste et qu'il n'y a que des petites bougies. Mais elles peuvent devenir plus grandes et vous apporter beaucoup de bénéfice.

Mais la correction finira par se transformer en une période de consolidation. Si les bougies deviennent petites ici, ou si des Dojis et des toupies se forment, alors c'est généralement le temps de sortir du marché – mais rappelez-vous d'empocher votre gain ! La première bougie verte devrait bientôt apparaître. Le scalping n'est tout simplement pas pour les esprits pacifiques, parce que tout tourne autour des profits rapides.

Cela semble aller de soi. Si vous avez déjà scalpé pendant un certain temps, vous devez bien sûr toujours espérer obtenir plus de gains que ce que le marché vous donne réellement. C'est la nature humaine, mais c'est quand même une erreur. En tant que trader, vous devriez certainement supprimer le mot « espoir » de votre vocabulaire.

Vous devez apprendre à réaliser régulièrement et systématiquement des gains, tout comme vous devez prendre régulièrement de petites pertes sans aucune hésitation. N'hésitez pas si le graphique montre clairement que la correction est terminée. Le marché est dans un flux constant, des vagues d'achat et de vente vont et viennent et votre travail consiste à utiliser ces mouvements du mieux que vous pouvez.

Par conséquent, il est d'une importance cruciale que vous ayez des outils permettant de visualiser précisément ces flux. Selon moi, tout peut être réalisé avec les graphiques Heikin Ashi.

5. Travailler avec des objectifs de prix

La configuration de base, comme je l'ai présentée jusqu'ici, fonctionne sans objectifs de prix. Le scalpeur est dans le trade, sauf s'il y a un changement dans la couleur des bougies des graphiques Heikin Ashi. Si vous combinez la configuration de base à l'analyse technique, vous pouvez utiliser des objectifs de prix, n'oubliez pas que vos trades sont basés sur votre évaluation du marché. À ce stade, la question est donc : d'après l'analyse technique, y a-t-il des points de retournement sur le marché (plus sur ce sujet dans les prochains chapitres) ?

Si vous avez de l'expérience avec des niveaux techniques, vous verrez souvent que votre objectif de cours est totalement atteint. Cependant, vous verrez aussi que le marché peut dépasser avec force la cible de prix. Dans ce cas, votre ordre take-profit va limiter vos gains. Malheureusement, cela viole la règle principale du trading : coupez vos pertes et laissez courir vos gains. Toutefois, cette règle n'a pas été formulée pour les scalpeurs mais plutôt pour les suiveurs de tendance et les traders de position.

Vous aurez aussi souvent l'expérience que votre objectif de prix n'est pas atteint et que le marché se tourne plus tôt que prévu. Alors, les bougies Heikin Ashi devraient vous guider. Est-ce que les couleurs des bougies changent ? Sont-elles devenues plus petites ? Est-ce que des Dojis ou des toupies apparaissent ?

Mais il y a une autre raison que vous, en tant que scalpeur, devriez envisager concernant le trading avec les objectifs de prix. Votre prix cible est parfois atteint plus rapidement que ce que vous avez pensé possible. Souvent, vous serez incapable de fermer rapidement votre position. Dans la seconde suivante, le marché peut-être déjà cinq ou six pips au dessus ou en dessous.

Les ordres automatisés de nombreux systèmes de trading conduisent le marché dans un sens ou dans l'autre – en votre faveur ou contre vous. Par conséquent, vous devez travailler avec un stop-loss fixe et avec un objectif de prix ambitieux. Si le prix cible n'est pas atteint, il faut donc fermer l'ordre de take-profit. Si votre ordre take-profit est réalisé grâce à un mouvement rapide, soyez heureux d'avoir fait une bonne affaire sur les marchés.

Le scalping avec un ordre take-profit va parfois vous apporter des avantages et des inconvénients. Encore une fois, il n'y a pas de bonne ou mauvaise méthode. En fin de compte, chaque scalpeur doit élaborer ses propres règles. L'expérience a montré que vous allez changer vos règles au cours de votre carrière de trading tout en gagnant plus d'expérience.

6. Le Scalping Heikin Ashi en pratique

Je veux maintenant démontrer comment je fais du scalping avec une session de trading le matin notamment sur l'EUR/USD. Ci-dessous, vous verrez un certain nombre de captures d'écran de mon trading montrant comment l'entrée et la sortie de chaque transaction ont été réalisées. Je vais aussi discuter la gestion du stop-loss et à la fin, je vais évaluer mes résultats.

Figure 6 : EUR/USD - graphique 30 secondes

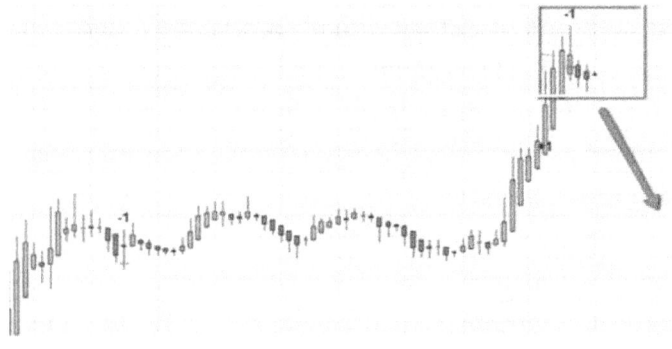

Je choisis d'abord le graphique en 30 seconds parce que nous avions un marché rapide. Comme vous pouvez le voir, il est important de rester souple et non rigide en restant collé à une configuration de trading déjà fournie. Le marché est en évolution constante et est chaque jour différent. Parfois, les mouvements sont rapides et parfois ils sont lents. Cela signifie que certains jours vous permettront de mieux reconnaître les tendances sur un graphique en 1 minute, et d'autres jours un graphique en 2 minutes sera mieux adapté.

Vous pouvez changer ça en un seul clic. Vous pouvez aussi changer les paramètres du graphique même au cours de votre séance de trading en fonction de la volatilité.

Nous sommes des traders. Si vous choisissez toujours des paramètres fixes, votre travail pourrait ainsi être effectué par un programme automatique. Si vous allez utiliser votre précieux temps pour faire du trading, vous devriez avoir un avantage sur les systèmes de trading automatisés. L'un des avantages est que vous, en tant que scalper expérimenté, vous pouvez réévaluer le marché à tout moment en réglant manuellement les paramètres de vos graphiques.

Comme vous pouvez le voir avec la Figure 6, l'EUR/USD a d'abord évolué de manière latérale. Ces mini-mouvements étaient si insignifiants qu'ils ne valaient pas la peine de les scalper. Ma configuration fonctionne mieux sur des tendances claires, donc j'avais seulement un intérêt à trader lorsque le *break-out* est arrivé et que l'euro commence à augmenter de nouveau.

Notez également que les bougies Heikin Ashi sont plus grandes après le *break-out* – les acheteurs étaient de retour ! Bien sûr, vous pourriez faire le trade sur ce *break-out*, pourtant, j'espère que vous connaissez ma philosophie : je ne spécule pas.

J'attends une action claire et reconnaissable sur le marché puis je trade le retracement. Voilà pourquoi j'attends que le rallye soit épuisé et ensuite, je vends à découvert après la première bougie rouge à 1,3563 (le carré jaune). C'était mon premier trade de la journée, donc je choisi d'abord une petite position (100 000 €). Je voulais avoir une idée du marché et c'est important de le faire !

Une autre pierre angulaire de ma philosophie de trading est que je veux être dans le flux. Je veux faire du trading avec les vagues. Rappelez-vous que personne ne se trouve dans le flux au début de la journée de trading, cela ne survient qu'au cours de la session de trading.

Est-ce que je savais que le marché allait corriger après ce *break-out* initial ? Bien sûr que non ! Le marché va me dire si j'ai eu tort ou raison, et dans quelle mesure il veut corriger. La flèche rouge indique à peu près mon point de vue sur l'évolution future. Donc, je pense que l'euro va déclencher le niveau de cassure, où il venait d'accomplir un mouvement latéral (côté gauche du graphique).

Figure 7 : EUR/USD – graphique 2 minutes

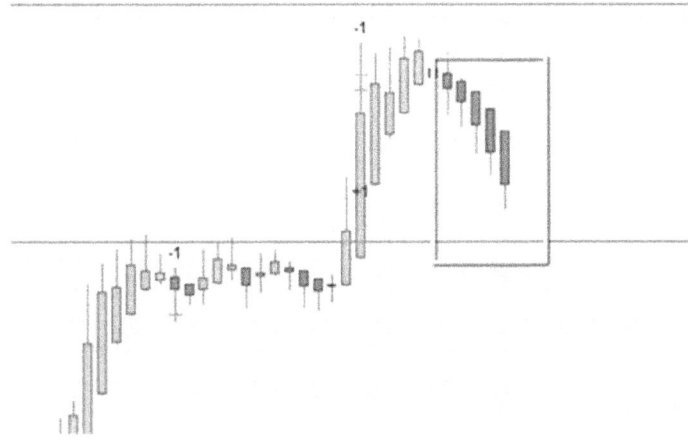

Afin d'avoir une meilleure vue d'ensemble, je suis passé à un graphique en 2 minutes sur la figure 7. Le marché me dit que j'avais raison concernant mon hypothèse et l'EUR/USD corrige le mouvement de *break-out* précédent.

Dans la figure 7, nous sommes juste avant le point où mon objectif de prix serait atteint : ligne horizontale inférieure. Ici, mon objectif de prix était à 1,3551 : cet ordre permettrait donc de fermer ma position automatiquement une fois que ce niveau atteint.

Comme je le disais, il faut essayer de fixer des objectifs de prix réalistes lorsque l'on fait du scalping. Pour moi, c'était le niveau de cassure d'avant, à peu près où mon ordre d'achat attendait. Si mon scénario se réalise, je pourrai faire environ 13 pips de profit avec ce scalp-trade.

La ligne horizontale supérieure est un stop-loss à 1,3571 – cet ordre protège ma position contre des pertes plus importantes. Ainsi, ce stop-loss était environ 7 pips au-dessus de mon prix d'entrée.

En d'autres termes, je risquais 7 pips pour en gagner 13, c'est un bon ratio rendement/risque (RRR) pour un scalper. En scalping, le RRR est souvent à 11. Quand j'ai pris la capture d'écran, le prix était de 1,3554, donc j'étais déjà 9 pips devant. Mon objectif de prix n'était pas loin, cela a été converti en un gain de 65,90 €.

Figure 8 : EUR/USD – graphique 1 minute

Dans la figure 8, je suis retourné au graphique 1 minute – mon unité de temps préférée – pour étudier le marché de plus près. Le -1 ci-dessus montre l'endroit où j'ai vendu le marché à découvert et le +1 (comme indiqué par le carré jaune) le lieu où l'ordre de prise de bénéfices (take-profit) a été touché, ce qui a fermé ma position.

Ainsi, mon scénario a eu lieu quelques minutes plus tard et je suis en mesure de récolter le bénéfice attendu de 13 pips. Comme je l'ai dit, j'avais seulement tradez avec un lot standard de 100 000 € bien que ce fut la première opération de la journée. Même les scalpers doivent s'échauffer d'abord !

Avec plus de confiance, je suis passé à la vitesse supérieure et j'ai ouvert une position longue immédiatement, cette fois avec 5 lots (+5 dans le carré). Dans le marché boursier, si vous êtes bon, vous devriez vous concentrer principalement sur le fait de faire autant que possible et de garder les pertes aussi petites que possibles quand cela ne marche pas. Si vous ne pouvez pas faire cela, vous devez choisir de ne pas trader.

Quand je ferme une position courte, cela signifie, bien sûr, que j'attends le retracement. Il serait illogique de ne pas ouvrir de position longue. Le scalping signifie que vous devez répondre à ce que vous dit le marché - rien d'autre. Si vous êtes en bonne forme, cela se fait sans réfléchir. Donc dans ce cas, j'ai 5 lots sur une position longue à 1,3552.

La ligne horizontale inférieure sur la figure 8 est de l'ordre de stop-loss cette fois. Ce qui est inférieur à 1,3540, et éloigné de 12 pips de mon point d'entrée. Ce fut un ensemble quelque peu conservateur, surtout lorsque mon objectif était 1,3565, soit 14 pips au-dessus du prix d'entrée. Vous voyez, le RRR change radicalement! Il était environ 1:1 avec difficulté.

Mais il y a un aspect qui est important que je ne peux pas montrer ici : le facteur temps. En tant que scalpeur, je veux que mon scénario attendu se produise bientôt. Je désirais que le marché aille presque immédiatement dans ma direction.

Si cela n'était encore pas le cas après quelques minutes, je commencerai à pousser mon stop-loss vers mon prix d'entrée. Cette mesure est basée sur une expérience que beaucoup de traders ont eu : si le trade ne fonctionne pas en quelques minutes, la probabilité qu'il le fasse dans l'avenir devient de plus en faible minute après minute. Pour un trader, il est alors nécessaire de limiter les dégâts autant que possible.

Une façon d'y parvenir est de réduire la distance du stop-loss – pas de l'augmenter ! En fin de compte ce moment vient généralement assez vite, l'idée que le trade ne fonctionnera pas et qu'il serait préférable de fermer la position va se manifester. En général, cela indique une perte faible. S'il vous plaît : comprenez, assimilez et acceptez cette idée le plus tôt possible. À cet égard, je suis rigoureux : soit ce que j'attends se produit, soit cela ne se produit pas. Si ce n'est pas le cas alors je veux être hors du marché.

Cette pause sert à me protéger des pensées inutiles comme « J'aimerais bien finir en positif ». Je souhaite que le marché aille dans ma direction, sinon, je veux en sortir.

Figure 9 : EUR/USD – graphique 1 minute

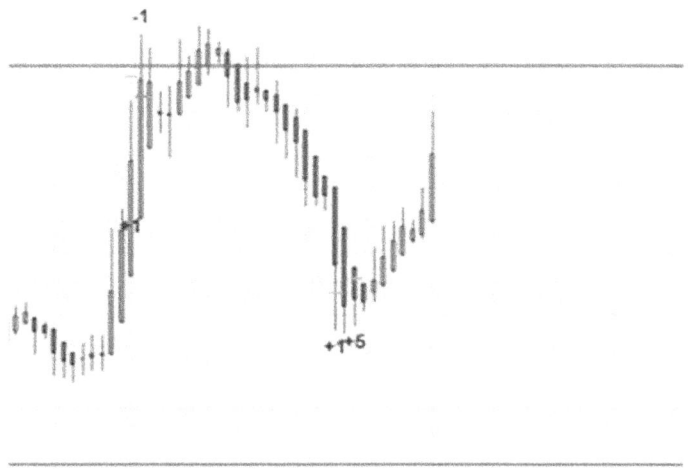

La figure 9 montre qu'après 7 minutes, le trade est déjà un gagnant. Bien que ma cible (ligne supérieure) n'ait pas encore été atteinte, mon évaluation semble être correcte. L'EUR/USD est à 1,3562 à seulement 11 pips au dessus de mon prix d'entrée. Cela indique un gain en capital de 362 euros dont on peut être fier.

Notez également comment les bougies Heikin Ashi étaient petites au début de cette nouvelle tendance haussière, tandis que la dernière bougie représente une caractéristique plus dynamique. La fête bat son plein !

Mon nouvel objectif de cours est à peu près au niveau où j'avais pris une position courte. Bien sûr, je ne sais pas si le marché allait y retourner à nouveau. Le grand avantage des ordres take-profit est que la position est fermée automatiquement une fois l'objectif est atteint.

Mais si je pense que le marché n'atteindra pas cet objectif, alors je peux fixer le prix cible à un niveau plus faible. Il est souvent tout simplement question de jugement. Cela manque de momentun, de dynamique ? Alors, il serait peut être mieux de prendre vos profits dès maintenant. Et ici, les graphiques Heikin Ashi m'ont aidé à nouveau : ils me montrent clairement si le momentum se poursuit ou non.

Figure 10 : EUR/USD – graphique 1 minute

Oui ! Après ce premier mouvement espéré, il n'y a pas d'autre augmentation qui apparaisse. Le marché commence à évoluer latéralement, les bougies Heikin Ashi deviennent plus petites et regardez bien : le premier Doji apparaît !

Pour moi, c'est suffisamment raisonnable pour réaliser le profit et de vendre à découvert immédiatement ! Si vous

vous sentez que le marché ne veut pas ou ne peut pas aller plus haut, alors vous devez vendre à dècouvert. Voilà la logique tout simplement.

Attention néanmoins : nous sommes dans un marché haussier (!). Vous pouvez voir cela quand vous regardez le graphique de gauche à droite. Les positions courtes dans cet environnement sont clairement des trades en contre-tendance. Donc, vous avez les probabilités contre vous, même si vous fermez votre positon en faisant un gain.

Mon point d'entrée de cette position courte était à 1,3562 avec un stop-loss (la ligne horizontale du haut) à 1,3572, soit 10 pips de mon point d'entrée. Mon objectif de prix était à 1,3550, soit 11 pips plus bas. Encore une fois, un RRR de 1:1, mais comme je l'ai dit, je vais rapidement bouger mon stop-loss vers mon prix d'entrée juste au cas où le trade n'évolue pas comme souhaité.

Comme vous pouvez le voir, le scalping et le trading ont en général beaucoup à voir avec la manipulation des chances et des risques à plusieurs reprises en votre faveur. Alors, essayez toujours d'obtenir quelque chose d'aussi peu cher que possible. Les bons scalpers sont les champions !

Figure 11 : EUR/USD – graphique 1 minute

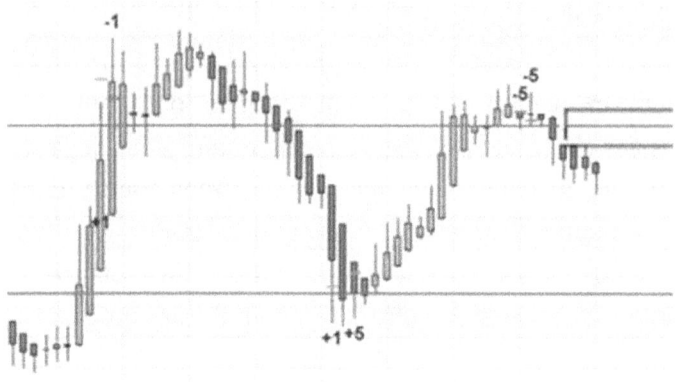

La figure 11 illustre cette approche. J'étais en position courte et j'avais déjà quelques pips de bénéfices, mais j'avais en quelque sorte le sentiment qu'il y avait trop peu de momentum dans le mouvement. J'ai ainsi placé mon stop-loss au niveau de mon point d'entrée pour atteindre mon niveau de *break-even* ou d'équilibre (ligne horizontale supérieure du rectangle), bien que je ne recommande pas de le faire trop vite. La volatilité assure que vous serez arrêté assez rapidement si l'ordre est trop près du marché.

Néanmoins, dans certains cas, il peut être nécessaire de ne pas donner trop d'espace au trade actuel lorsque le marché ne va pas assez vite dans votre direction. À ce moment, un contre-mouvement rapide peut se produire et avant que vous le sachiez, le trade est dans le rouge.

Avec un stop-loss au niveau d'équilibre, mon RRR change radicalement à nouveau. Un niveau d'équilibre est un trade gratuit. Au pire, vous finissez sans gain ni perte, mais vous gardez la possibilité que le trade évolue néanmoins dans votre direction.

Ceci est, bien sûr, ce qui se passe dans le meilleur des mondes. Pour les scalpes-trades contre la tendance actuelle (haussière), vous devez procéder avec un peu plus de prudence, même si de telles opérations peuvent être très rentables

Figure 12 : EUR/USD – graphique 1 minute

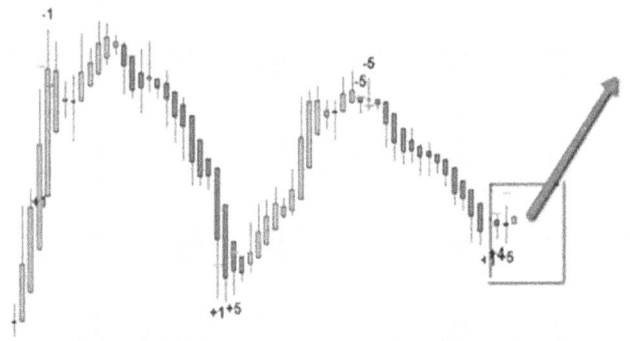

Mon objectif de prix n'a juste pas été atteint, mais je pouvais fermer le trade avec un joli profit. Vous pouvez voir clairement ici qu'un Doji annonce un retournement de tendance à nouveau. Voilà pourquoi j'ai pris une nouvelle position longue avec 5 lots.

Figure 13 : EUR/USD – graphique 1 minute

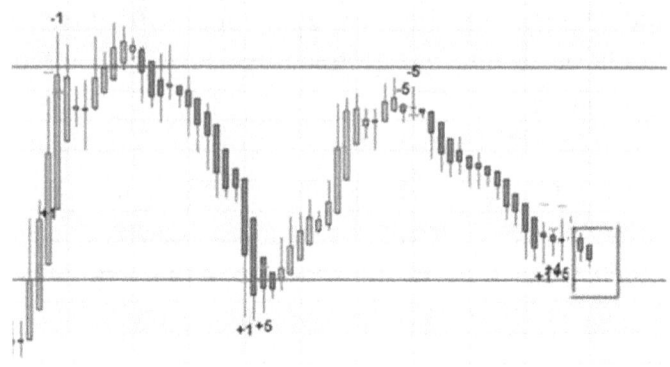

Cette fois, la chance n'a pas été à mon côté. Après 3 minutes, les bougies étaient encore rouges. Il semble que j'ai estimé la direction du marché de façon incorrecte à ce moment. Par conséquent, j'ai bougé mon stop-loss plus proche du prix d'entrée (ligne horizontale inférieure).

Il y avait encore un peu d'espace, mais l'expérience montre que cette situation se traduit généralement par une perte. Par conséquent, pensez à essayer de limiter les dégâts ! La perte était de 226 euros. Le temps d'une pause pour moi...

Figure 14 : Les résultats des 4 scalpe-trades

Trade Nr.	Lots	long/short	start	end	Pips	Euros
1	1	short	10:33	10:55	13	124.00
2	5	long	10:55	11:10	11	530.00
3	5	short	11:11	11:26	7	354.00
4	5	long	11:27	11:48	-5	(226.00)
Total	16				26	**782.00**

Les résultats de cette bonne heure de scalping ont été bons. J'ai pu générer 26 pips et finalement gagner 782 euros. Bien sûr, cela ne fonctionne pas toujours de cette façon, mais celui qui es discipliné, aura plusieurs bons jours comme celui-là. Le scalping est amusant de cette façon !

7. Est-ce que l'analyse technique aide lorsque vous scalpez avec Heikin Ashi ?

Nous avons maintenant établi les bases de la réussite du Scalping Heikin Ashi. Vous pouvez en principe commencer à scalper avec ce que l'on vient de voir. Cependant, je tiens à vous donner plus d'informations pertinentes, et plus de détails.

Je souhaiterais maintenant combiner la configuration de base que je vous ai présentée dans le chapitre 3 avec l'analyse technique. J'aimerais savoir si certains éléments de l'analyse technique viennent soutenir ma configuration.

Donc la question est de savoir si nous pouvons entrer en position et sortir du marché avec encore plus de précision. Dans les exemples suivants, je veux vous montrer que la configuration de scalping suit aussi les principes importants de l'analyse technique, et qu'elle peut même être confirmée par eux.

A. Support et Résistance

Figure 15 : EUR/USD – graphique 1 minute

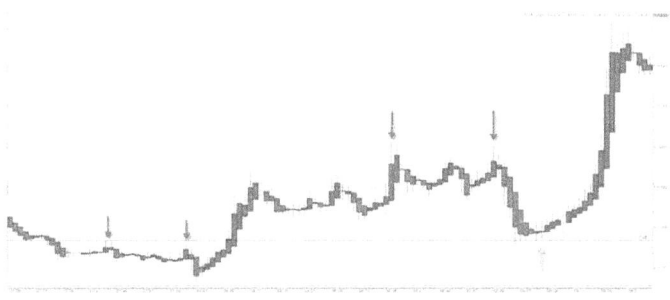

Dans cet exemple, nous voyons un cas classique de trade du matin sur l'EUR/USD. En début de séance (à gauche du graphique), l'euro a principalement évolué de manière latérale. La ligne horizontale indique une ligne de support, ce qui sera important plus tard.

Nous voyons comment l'euro évolue autour de cette ligne entre 7h00 et 8h00 (heure européenne). Tout d'abord, la ligne est un support et un peu plus tard l'euro tombe en dessous de cette ligne. Ainsi, ce niveau devient une résistance (deux premières flèches en bas à gauche).

Peu après 8h00, nous constatons que le marché franchit à nouveau la ligne. Les bougies deviennent de plus en plus larges et régulières. C'est la première indication du jour qui montre que les acheteurs sont prédominants sur le marché. Et oui, 30 minutes plus tard, le marché entraîne les cours sur le chiffre rond 1,1200 (la troisième et la quatrième flèche vers le bas). D'abord, ce niveau est testé deux fois. J'aurai pu trader ici mais les bougies Heiken Ashi ne me donnent pas une bonne configuration, donc je choisis de ne pas le faire. Et maintenant, ça devient intéressant…

Le marché revient un peu et teste à nouveau la ligne de support, qui avait été conquise peu après 8h00. C'est un parfait cas d'école. Maintenant, penchons-nous en détail sur ce que l'EUR/USD est en train de faire à ce stade.

Figure 16 : EUR/USD – graphique 1 minute

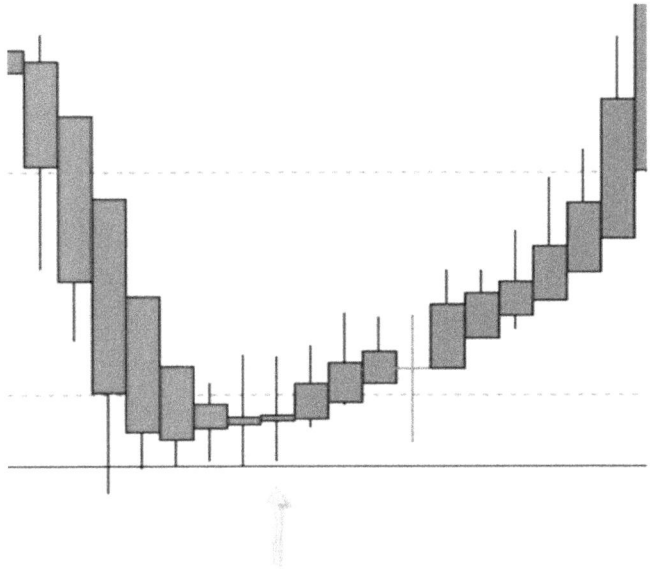

Nous voyons qu'après avoir testé le chiffre rond de 1,1200, l'EUR/USD revient pour environ 20 pips (les bougies rouges à gauche) en 3-4 minutes. Les deux prochaines bougies sont sensiblement plus petites, indiquant une perte de vitesse.

Bien que le prix soit sur le support, il ne passe pas sous ce niveau. Ensuite, la prochaine bougie est un Doji – indiquant un équilibre entre les acheteurs et les vendeurs. Ici, un scalpeur Heikin Ashi doit suivre avec vigilance les cours parce que lors de la prochaine bougie, la couleur passe du rouge au vert (voire flèche verte). Le signal d'achat apparaît donc maintenant !

Maintenant, en tant que scalpeur ne devriez pas hésiter à acheter, parce que nous voyons que le prix commence déjà à monter avec la bougie suivante pour indiquer que les acheteurs prennent le dessus. L'avantage de cet exemple est que vous pouvez sécuriser votre trade avec un stop-loss serré. Je dirais dans ce cas à 3-5 pips.

Si vous mettez votre stop-loss trop serré, ne risque-t-il pas d'être déclenché par un mouvement accidentel du marché ? Si, la réponse est oui c'est un danger possible qui va vous arriver sur tous les marchés. Ca fait parti du processus de trading, et vous devez apprendre à voir ces petites pertes comme un coût de votre business. Ne choisissez pas un stop-loss plus large dans cette situation. Soit ce support tient, soit les cours vont casser ce niveau. Les taureaux détenaient le marché depuis 8h00. Maintenant, ils doivent aussi montrer de quoi ils sont capables…

Et les taureaux ont accéléré. Non seulement le chiffre rond 1,1200 a été énergiquement conquis, et les cours ont évolué 20 pips au-dessus en 2 minutes. En d'autres termes, cette excellente occasion vous aurait donné vos 40 premiers pips.

40 pips. Voilà plus que la moyenne quotidienne de la plupart des scalpeurs que je connais. Il y a des exceptions bien sûr, mais ce sont des individus très talentueux et très timides, dont vous n'entendrez souvent pas parler.

Figure 17 : EUR/USD – graphique 1 minute

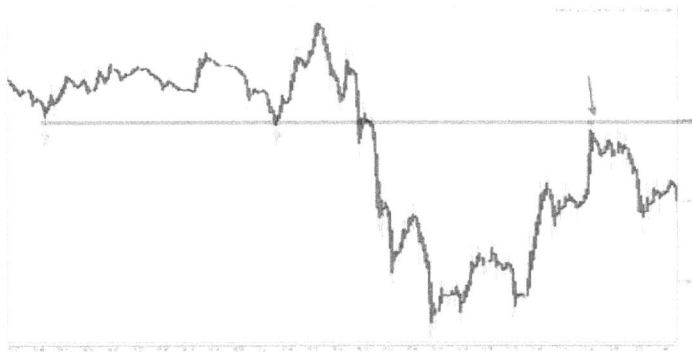

La figure 17 montre le cas classique d'un support qui devient une résistance (*pullback* ou polarité). Ce fut une journée très calme sur l'EUR/USD. Tôt le matin, la paire défendait toujours le niveau des 1,1420 (ligne horizontale sur le graphique à gauche).

Peu avant 9h00, les vendeurs ont finalement réussi à casser ce support et ils ont envoyé l'EUR/USD vers 1,1380 – un mouvement plutôt modeste. Le trading est alors quelque peu apathique jusqu'à ce que les acheteurs décident de conduire à nouveau l'EUR/USD vers le haut sur les 1,1420.

Nous voyons comment la bougie haussière atteint tout juste le support devenu résistance puis faiblit. Après deux tentatives infructueuses pour conquérir la résistance, la première bougie rouge apparaît (flèche vers le bas) : le signal de vente est là. On a ainsi obtenu entre 10-15 pips.

B. Trading à partir des plus hauts et des plus bas des journées précédentes

Figure 18 : USD/CHF – graphique 1 minute

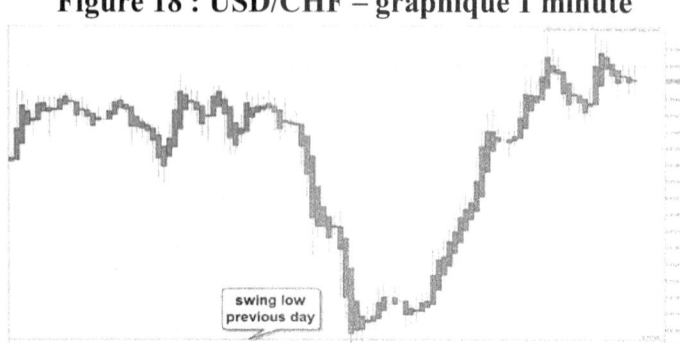

La figure 18 montre un graphique en 1 minute pour la paire USD/CHF. Après que le franc suisse ait évolué en consolidation latérale en début de séance (en haut à gauche), il s'est fortement affaiblit peu avant 9h00 (heure européenne), allant ainsi exactement sur le point bas de la journée précédente.

La première bougie verte à ce stade est un Doji, mais une position longue semblait justifiée par l'analyse chartiste. Vous pourriez faire le trade à ce niveau avec un stop-loss relativement serré à 5 pips. Nous voyons que l'USD/CHF a complètement corrigé le mouvement précédent. Ce n'est pas rare dans le trading des devises !

Figure 19 : EUR/GBP – graphique 5 minutes

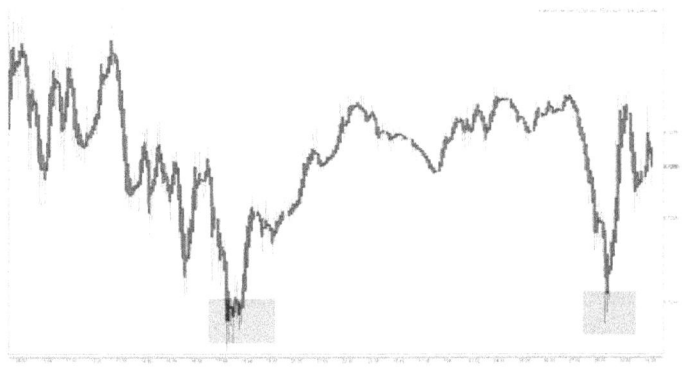

La figure 22 affiche un graphique en 5 minutes pour la paire EUR/GBP. Encore une fois, le marché teste le point bas de la journée précédente (premier rectangle sombre). Une telle faiblesse fournit souvent d'excellentes occasions d'achat parce que les investisseurs se souviennent très bien de ce niveau.

Les ordres des investisseurs institutionnels qui souhaitent bénéficier de cette faiblesse attendent d'être exécutés. Souvent, ce sont les mêmes acteurs qui ont poussé le marché à la baisse vers le niveau de leurs ordres d'achat. Les grands acteurs du marché savent comment jouer le jeu !

Figure 20 : DAX – graphique 1 minute

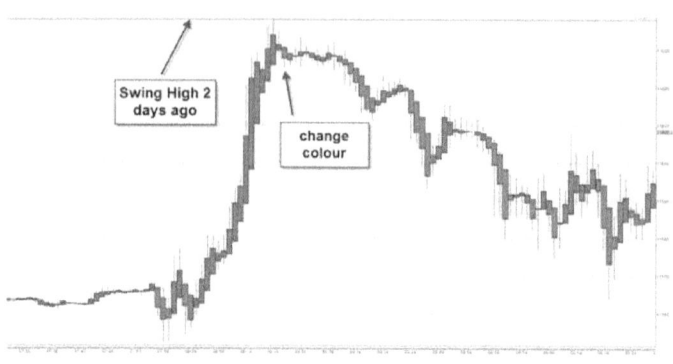

Le DAX, indice allemand, est aussi l'un de mes marchés préférés pour scalper avec un graphique en 1 minute. L'exemple de la figure 20 est aussi très classique. Nous voyons le rallye sur le DAX avant l'ouverture des bourses (avant 9h00) et les cours atteignent le point le plus haut de la séance précédente.

Ce niveau était déjà « vieux » de 2 jours, mais vous pouvez voir que les participants du marché se souviennent de ce niveau. Après que les prix aient atteint ce niveau, la dynamique a diminué et la prochaine bougie est rouge. Le signal pour une vente à découvert est là.

Certains scalpers auraient clôturé leurs positions à la première bougie verte. Quoi qu'il en soit, des gains entre 10-20 points étaient sûrement possibles ici.

Suivre les points hauts et bas sont souvent intéressants en tant que points d'entrée parce que vous pouvez au moins attendre une petite correction. Ces niveaux ne sont pas tout simplement « effacés » de la mémoire du marché, à moins que le rallye soit basé sur des données économiques très importantes.

C. L'importance des chiffres ronds sur le FOREX

Figure 21 : GBP/JPY – graphique horaire

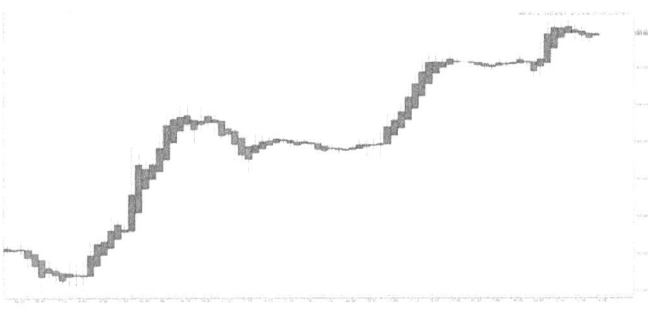

La figure 21 affiche un graphique horaire pour la paire GBP/JPY, parfois aussi appelé « The Beast » (la bête). Le GBP/JPY est l'un de mes marchés boursiers préférés et je vais vous expliquer pourquoi.

« The Beast » est en effet un animal sauvage, mais chaque trader qui sait ce qu'il fait, peut faire de l'argent sur ce marché. Comme nous pouvons le voir, cette paire peut varier de 200 pips par jour, voire 300. Ça c'est du trading ! Bien sûr, les spreads sont légèrement plus grands ici. Par conséquent, on doit ajuster sa gestion des risques pour s'accommoder.

Le graphique montre clairement que les taureaux ont le dernier mot, non ? Si j'étais un scalpeur intelligent, je rechercherais principalement des signaux acheteurs intéressants sur ce marché. Regardons cela de plus près.

Figure 22 : GBP/JPY – graphique 1 minute

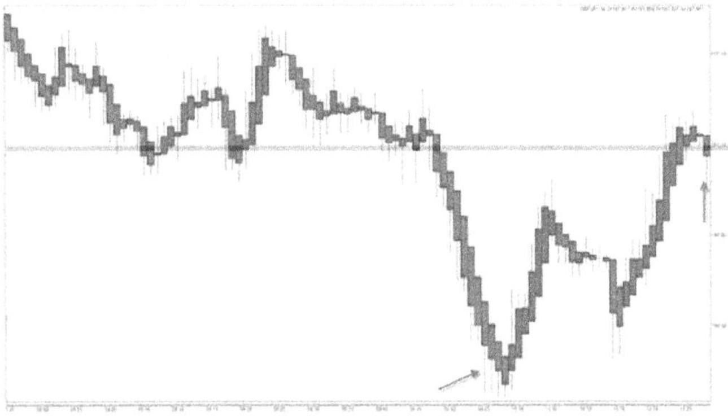

Sur la figure 22, nous arrivons au graphique en 1 minute. La ligne horizontale au milieu du graphique représente le chiffre rond 187,00. Ce sera important plus tard. Nous voyons que le niveau 187,00 est défendu d´abord en début de séance le matin. Puis, peu avant 10h00, les ours parviennent à pousser le marché sous ce niveau d'environ 30 pips. N'est-ce pas une merveilleuse échelle rouge vers le bas ? Encore une fois, ce mouvement n'est pas si facile à anticiper.

Mais ces belles marches descendantes sont presque toujours des cadeaux pour moi en tant que scalpeur. Je sais qu'il y aura une correction. Et un scalpe-trade, une fois que la couleur des bougies ait changée du vert au rouge, aurait fourni au moins 10 pips rapides.

Ensuite, le marché se retourne de nouveau, mais n'atteint pas le précédent point bas et remonte jusqu'au niveau des 187,00. Or, cette information est très importante ! Les ours ont tenté de pousser le marché vers le bas, mais ils n'ont clairement pas réussi. Les taureaux pourraient facilement pousser le marché vers le point de départ, à savoir le niveau des 187,00 ! Et maintenant, voyons ce qui arrive ensuite.

Figure 23 : GBP/JPY – graphique 1 minute

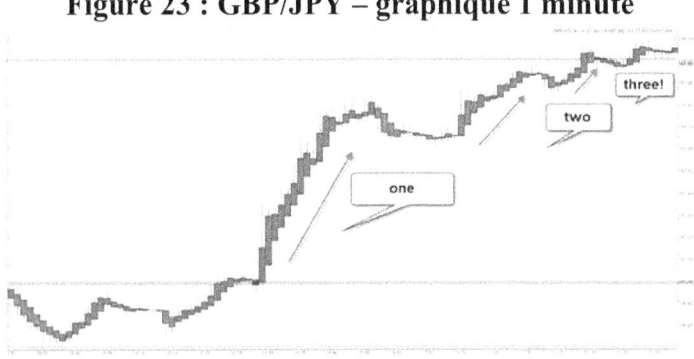

Sur le côté gauche de la figure 23, vous pouvez voir où nous sommes arrivés à la figure 22. Les taureaux ont repris « The Beast » et l'ont amené au point de départ de la matinée, à savoir le chiffre rond 187,00 (ligne inférieure). Et puis, ils commencent leur travail de la journée ! En 3 vagues, ils mènent le GBP/JPY au prochain chiffre rond : 188,00. Un, deux, trois ! Trois magnifiques vagues qui auraient pu être tradées par n'importe quel scalpeur intelligent.

Si vous aviez reconnu la faiblesse du matin comme fausse, vous auriez pu directement acheter le niveau 187. Après la première vague (la plus grande), vous pouvez être certain que les acheteurs allaient amener la paire sur le niveau des 188,00 – voire plus loin. Voilà 100 pips en environ 1 heure de 10h30 à 11h30.

Cependant, vous ne pouvez le faire que si vous avez de l'expérience avec ce marché. « The Beast » aime se déplacer de 100 pips – juste comme ça – et c'est pourquoi j'aime ce marché. Si vous pouvez prendre ces mouvements de temps en temps (des stop-loss à 5-10 pips), vous serez parmi les gagnants sur les marchés.

Figure 24 : USD/JPY – graphique 1 minute

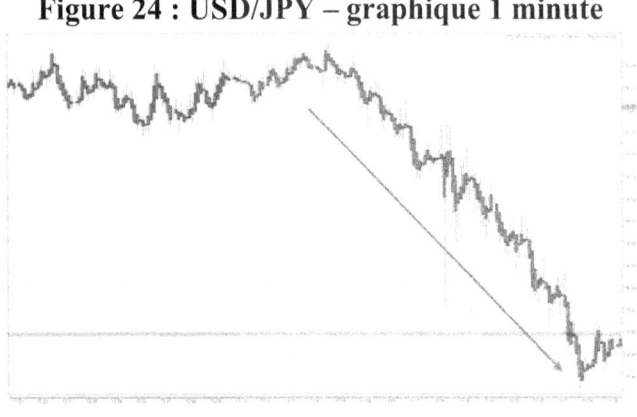

Un marché complètement différent, mais tout aussi intéressant : la paire USD/JPY. Ici, il semble donc que, la volatilité soit nettement plus faible qu'avec le GBP/JPY. L'USD/JPY est en effet la principale paire de devises de toutes les paires contre le YEN. Ainsi, cette paire a la liquidité journalière la plus élevée.

20 pips indiquent déjà un bon trade sur cette paire. Vous pouvez utiliser des stop-loss très serrés sur cette paire en raison de la faible volatilité (souvent seulement 2 ou 3 pips du prix d'entrée). Ce fut aussi le cas avec cet exemple. Nous voyons un clair mouvement à la baisse jusqu'au chiffre rond 119,00 (ligne horizontale bleue) – en fait un peu en-dessous. Maintenant, il est passionnant de voir ce qui se passe après.

Figure 25 : USD/JPY – graphique 1 minute

Sur la figure 25, nous voyons clairement que l'USD/JPY a formé une figure en triple creux sous le chiffre rond 119,00

(ligne horizontale). C'est très important, en particulier parce que le 3ᵉ creux (flèche) est un peu plus élevé que les précédents.

Encore une fois, cette information est importante : les acheteurs ne semblent pas accepter d'autres creux au-dessous du niveau 119,00. Cela signifie qu'ils sont prêts à défendre ce niveau. Cela se produit alors, et le rallye qui suit est alors bon pour 20 pips. Retour au départ ! Regardons ce 3ᵉ creux d'un peu plus près.

Figure 26 : USD/JPY – graphique 1 minute

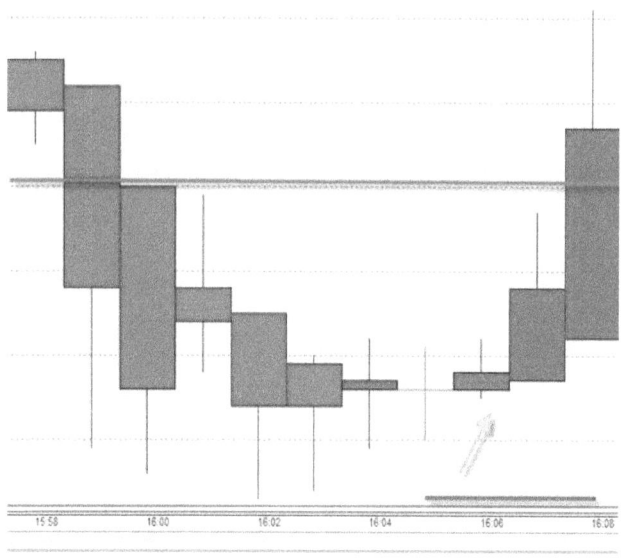

Deux à trois pips en dessous du niveau 119 (ligne horizontale), les bougies deviennent plus petites, puis forment deux Dojis dont les couleurs changent et deviennent vertes. A la fin de la formation du 3ᵉ creux, le scalpeur peut prendre une position longue avec un stop-loss serré (2-3 pips). Ce ne sera certainement pas toujours réussi, mais cette fois ce n'était que 20 pips sur l'USD/JPY. La petite ligne rouge sous les bougies est le stop-loss.

Un dernier mot sur le DAX

Figure 27 : DAX – graphique 1 minute

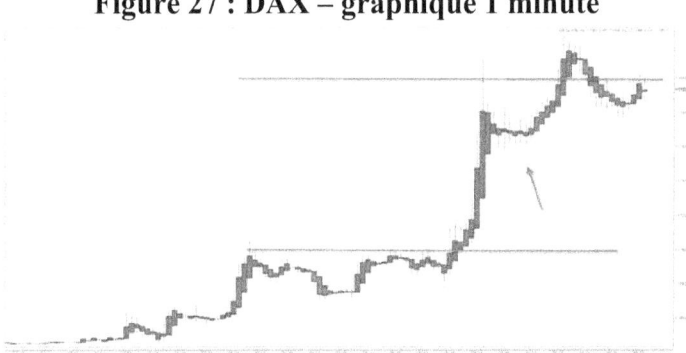

La figure 27 affiche le graphique du DAX en 1 minute. Veuillez noter qu'à ce stade, le DAX était clairement dans un mouvement haussier. Nous voyons en début de matinée comment les acheteurs essaient de surmonter le niveau des 11 700 points (ligne horizontale du bas). A 9h00 (début de la séance de trading à Francfort), ils réussissent enfin et l'indice gagne 100 points en 6 minutes.

C'est une information très importante parce que cela signifie que les taureaux ont un contrôle absolu du marché et les ours n'ont aucune influence. L'important pour les scalpeurs est ce qui arrive après ce premier mouvement (flèche). Nous allons regarder cela de plus près.

Figure 28 : DAX – graphique 1 minute

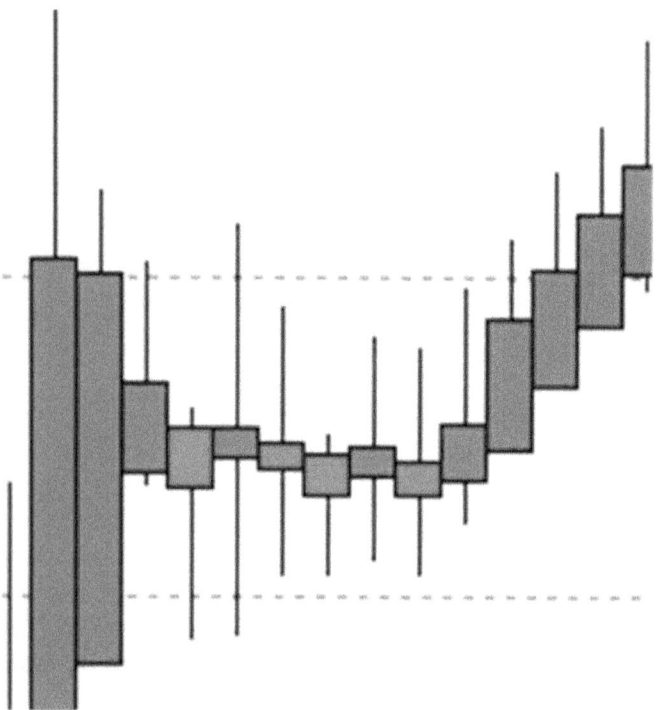

Sur ce graphique en 1 minute, le DAX évolue de façon latérale après ce puissant mouvement haussier de 100 points. Après le changement de couleur, nous voyons 5 toupies et 2 marteaux haussiers. Les traders qui ont été vendeurs ici ne peuvent être que légèrement contents avec ces quelques pips.

Les toupies et en particulier les marteaux suggèrent que les acheteurs ne permettent même pas une petite correction. Il y a certes un certain gain qui peut être réalisé, mais cela conduit à peine une la pression vendeuse. Les contrats des vendeurs sont immédiatement rachetés par les acheteurs avides. Après cette brève phase de 8 minutes, le marché va augmenter pour 45 points supplémentaires.

La leçon ici est qu'après de tels mouvements forts, les ventes à découvert sont formellement interdites (en 6 minutes 100 points !). Celui qui a pris une position courte subit au final une perte ou, au mieux, le trader arrive sur son seuil de rentabilité ou break-even point. Il était, bien sûr, plus sage de reconnaître l'énorme pouvoir des taureaux et d'acheter le DAX après cette courte période de consolidation.

8. Comment puis-je reconnaître les jours de trading en tendance?

Dans les marchés « normaux », un scalpeur peut être acheteur ou vendeur. La plupart du temps, les marchés évoluent de manière latérale. Dans ces situations, il est totalement sûr d'acheter le support (le point bas de la journée précédente, le chiffre rond) et de vendre la résistance (le point haut de la journée précédente, le chiffre rond). Vous pouvez aussi subir des pertes ici, mais, comme vous le savez déjà, cela fait partie de notre activité.

Le trading en contre tendance est ce qui est le plus dangereux pour le scalper lors des jours de tendance, car ici vous vous tenez contre les forces dominantes des investisseurs de grosses sommes d'argent. Dans la soirée, il est toujours facile de déterminer si le marché que vous avez tradé vient juste d'avoir une journée en tendance. Mais le savez-vous à 9h00 du matin ? Bien sûr que non. Personne ne le sait.

Les statistiques montrent que les marchés évoluent de façon latérale dans plus de 70% du temps. Cela signifie que les configurations que je vous ai présentées dans ce livre sont valables pour la majorité de votre temps de négociation.

Si vous trouvez que le marché va plus haut de nouveau immédiatement après que vous ayez vendu le marché à découvert après le premier mouvement de hausse, il est bon d'être prudent ! La chance que nous assistions à un début de journée de tendance est désormais réaliste. Habituellement, nous avons 1 à 2 jours de tendance par semaine. Ils ne sont pas toujours faciles à identifier, mais il y a des indices.

Si les deux (ou les trois) jours de bourse précédents étaient des jours de consolidation latérale typique, alors la probabilité qu'aujourd'hui sera un jour de tendance est plus grande.

Une autre indication est si le marché va d'abord dans l'autre sens. Cela se produit sur le marché du FOREX, généralement dans la matinée – heure européenne. Les ours envoient d'abord le marché au sous-sol. Les niveaux préférés où il y a de l'action sont souvent tout simplement les plus bas des jours précédents, où de larges ordres d'achat des ours attendent d'être rempli.

Bien sûr, les grands acteurs du marché veulent obtenir une réduction supplémentaire sur le marché avant qu'il évolue de nouveau à la hausse. Souvent, le rallye commence après une certaine « consolidation » sur le plus bas car les investisseurs veulent d'abord, bien sûr, que tous leurs ordres d'achat soient exécutés. Si vous voulez un exemple de ce scénario, revoyez les figures 22 et 23.

Parfois, vous aurez aussi l'expérience d'une descente rapide, qui ressemble à un *sell-off*. Dans le même souffle, le marché subit un *pull-back*. On peut appeler ça une formation en V, parce que les mouvements sur le graphique ressemblent à un

V. Les exemples sont présentés dans les figures 18 et 19. Encore une fois, ce sont bien sûr d'excellentes opportunités de faire du scalping.

Les jours de tendances se produisent souvent lorsque des données économiques majeures ou les conférences de presse des grandes banques centrales sont attendues. Vous devriez compter sur une forte volatilité lors de ces séances.

Ces jours-là, ça signifie généralement que la tendance principale (quotidienne ou hebdomadaire) se reprend. Vous ferez l'expérience pendant ces jours-là que les marchés tels que l'EUR/USD se déplacent facilement de 100 à 150 pips. Et vous, en tant que scalpeur, vous souhaitez également obtenir un morceau de ce gâteau non ?

Rien de plus difficile que lorsque vous essayez de vendre à découvert un marché qui était en hausse toute la journée. Croyez-moi, je parle par expérience personnelle. Je l'ai fait et refait. Il n'y a guère une façon plus épuisante de gagner sa vie – être court dans un marché haussier.

L'inverse est également vrai. Si vous êtes constamment acheteur lorsque les marchés chutent, alors vous aurez une vie lourde (et coûteuse).

Voilà pourquoi il est si important pour vous, en tant que scalpeur, que vous regardiez le marché dans son ensemble, que vous ayez une vue générale de celui-ci. Si vous ne savez pas si « votre » marché est dans une tendance haussière, baissière ou latérale sur le graphique journalier ou de 4 heures, vous ne savez pas vraiment ce que vous faites.

Même si vous effectuez votre scalping avec une précision chirurgicale, vous avez encore besoin de connaître les forces sous-jacentes de votre marché. Étudiez les tendances, étudiez le calendrier économique et, vous pouvez rire, lisez de temps en temps la section financière d'un bon journal.

L'avantage de ces articles de journaux est que vous n'êtes, pour une fois, pas sur internet. Vous pourriez prendre un peu de distance et profiter d'une bonne estimation d'un analyste sur le marché des devises (et le marché obligataire associé). Peut-être avec un bon cigare ? Qu'en pensez-vous ?

J'espère que vous voyez que vous devriez essayer d'aborder le marché au côté des acheteurs dans les marchés haussiers, et du côté des vendeurs à découvert dans les marchés baissiers. Vous avez tout simplement de meilleures probabilités de votre côté, au lieu qu'elles soient contre vous.

Cela veut-il dire que vous ne devriez pas être vendeur à découvert sur des marchés haussiers ? Non, je n'irai pas aussi loin. Pour les scalpeurs, il y a toujours des occasions des deux côtés. Mais vous devez être conscient que si vous détenez une position longue dans un marché baissier, les vendeurs peuvent devenir actifs à tout moment.

Bien que nous soyons des scalpeurs contre-tendance, cela ne signifie pas que nous allons constamment trader en contre-tendance. Alors, soyez sur vos gardes lorsque vous scalper contre la tendance principale du marché.

9. Comment scalper lors des jours de trading en tendance

Les jours en tendance ne sont pas une menace pour un scalpeur de contre-tendance. C'est plutôt le contraire ! Souvent, les jours en tendance sont les jours où le plus de profits sont faits. Comme son nom l'indique, un jour en tendance indique que le marché a une tendance claire.

À première vue, on pourrait penser que cela simplifie le travail d'un trader. Au contraire, l'expérience montre que de nombreux scalpeurs gagnent trop peu lors d'une telle journée, ou réalisent même des pertes. Pourquoi en est-il ainsi au-delà de la portée de ce livre ? Ce sera l'objet d'une étude plus approfondie de la psychologie du trader.

Figure 29 : EUR/USD – graphique 2 minutes

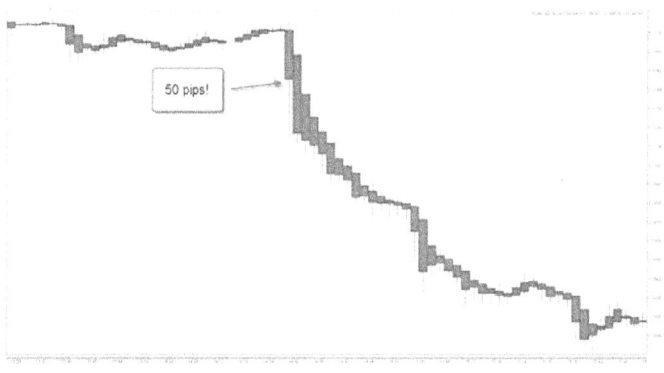

En haut à gauche du graphique, vous voyez que le marché évolue d'abord de façon latérale. Ce fut le cas pendant le reste de la matinée (en Europe), jusqu'à 8h30 – heure de New York. Puis, l'indice des prix à la consommation (IPC) des Etats-Unis pour avril 2015 a été publié.

Le chiffre était légèrement plus faible que prévu, mais cela n'a pas empêché les participants du marché d'acheter massivement le dollar américain et de vendre l'euro. Pourquoi ? Parce que la tendance mensuelle principale sur l'EUR/USD était tout simplement baissière. Et c'est tout. Des questions ?

En tant que scalpeur de contre-tendance, nous avons un problème ici, car il n'y a guère de contre-tendance. La première bougie après la sortie valait 50 pips à la baisse. Et puis le marché a baissé d'encore 120 pips sans résistance significative.

Vous pouvez être vendeur à découvert à tout moment dans un tel marché et vous ferez un profit. Mais je tiens à vous avertir : vous pouvez le faire, mais avec un stop-loss serré. Si votre stop-loss est activé, alors c'est tout simplement de la malchance.

Je recommande plutôt que lorsque le marché se rétablit pour un court laps de temps (et même si c'est seulement quelques secondes ou 1 minute), vous pouvez ouvrir une position courte avec une taille de position plus petite que d'habitude avec un stop-loss plus large (par exemple plus de 20 pips).

Encore une fois, ce ne sera pas toujours une réussite, mais vous ferez des profits ici et là. Ces statistiques importantes sont souvent publiées le vendredi. Il est une bonne pratique parmi les traders de mettre un terme à votre semaine de trading si vous parvenez à profiter d'un tel coup. Le cigare vous attend !

10. Conclusion

Un trader avisé aura remarqué que j'ai omis le thème de la « Gestion des risques et de l'argent » jusqu'à maintenant. Ceci n'est certainement pas parce que je trouve le sujet sans intérêt ! Vous avez maintenant lu le 2e livre de la série « Le Scalping est Amusant ! » qui traite plus concrètement de l'art de scalper. J'espère que je vous ai aidé à mieux comprendre ce style de trading avec ces exemples provenant de différents marchés.

Je trouve que la gestion de l'argent est tellement importante que je veux discuter de ce sujet séparément dans la 3e partie de cette série. L'accent sera mis en particulier sur les questions suivantes :

1. Comment puis-je évaluer mes résultats de trading ?
2. Quels sont les chiffres clés pour analyser ces résultats ?
3. Quels sont les paramètres que je peux changer afin d'optimiser mes résultats ?

Si vous comprenez la méthode et si vous maîtrisez en plus les principes de gestion des risques, rien ne se mettra en travers de votre carrière de trading.

Je vous souhaite beaucoup de succès !

Heikin Ashi Trader

Autres livres par Heikin Ashi Trader

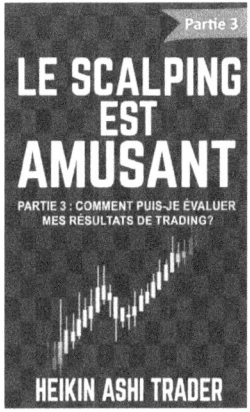

Le Scalping est Amusant !

Partie 3 : Comment puis-je évaluer mes résultats de trading ?

Le scalping est le moyen le plus rapide de faire de l'argent sur les marchés boursiers. Il n'y a pas de méthode plus efficace pour augmenter le capital d'un trader. Le trader Heikin Ashi explique pourquoi il en est ainsi dans ce livre en en quatre parties sur le scalping.

Dans ce 3e livre, le trader Heikin Ashi répond à la question : comment les résultats de trading d'un scalper sont correctement évalués et analysés ? Basé sur les résultats hebdomadaires d'un seul trader, il examine quels facteurs sont importants pour avoir un succès à long terme sur les marchés. L'analyse du journal de trading pendant 12 semaines permet d'avoir un regard sur la courbe d'apprentissage d'un professionnel en herbe.

Cette stratégie de scalping hautement efficace s'applique à des unités de temps courtes, comme le graphique en 1 minute, ainsi qu'à des périodes de temps plus longues. Vous pouvez trader les indices boursiers et le marché des devises en utilisant cette méthode universelle. Les instruments typiques sont les *Futures* (contrats à terme), les devises et les CFDs.

Sommaire :
1. Le Journal de Trading en tant qu'arme
2. Les 12 premières semaines d'un nouveau scalper
- 1e semaine
- 2e semaine
- 3e semaine
- 4e semaine
- 5e semaine
- 6e semaine
- 7e semaine
- 8e semaine
- 9e semaine
- 10e semaine
- 11e semaine
- 12e semaine
3. Comment performe actuellement le trader Jenny ?
4. Le scalping est un business

À propos de l'auteur

Le trader Heikin Ashi est reconnu dans le monde entier comme le spécialiste du scalping avec le tableau Heikin Ashi. Il pratique ce type de trading depuis 19 ans. Il a négocié pour un fonds spéculatif et s'est ensuite lancé dans les affaires pour son propre compte en tant que trader. Son livre sur le scalping " Scalping is Fun ! "est un best-seller international et a été vendu plus de 30 000 fois. Vous pouvez trouver plus d'informations sur sa méthode de scalping sur ce site www.heikinashitrader.net.

Impression

Textes : ©Copyright par Heikin Ashi Trader

Swiss Post Box 106287

Zürcher Strasse 161

CH-8010 Zürich

Suisse

Tous droits réservés.

www.ingramcontent.com/pod-product-compliance
Lightning Source LLC
Chambersburg PA
CBHW061216180526
45170CB00003B/1020